DEUTSCH AL

Schritte
plus

**Prüfungstraining
Deutsch-Test
für Zuwanderer**

**Johannes Gerbes
Frauke van der Werff**

Hueber Verlag

Quellenverzeichnis
Umschlag: © iStock/Chris Schmidt; © Panthermedia/Andres Rodriguez
Seite 27: deutsche Hochzeit: © digitalstock
Seite 27: türkische Hochzeit: © Yavuz Arslan/DAS FOTOARCHIV

Das Werk und seine Teile sind urheberrechtlich geschützt.
Jede Verwertung in anderen als den gesetzlich zugelassenen Fällen
bedarf deshalb der vorherigen schriftlichen Einwilligung des Verlags.

Hinweis zu § 52a UrhG: Weder das Werk noch seine Teile dürfen ohne
eine solche Einwilligung überspielt, gespeichert und in ein Netzwerk
eingespielt werden. Dies gilt auch für Intranets von Firmen und von Schulen
und sonstigen Bildungseinrichtungen.

3. 2. 1.	Die letzten Ziffern
2013 12 11 10 09	bezeichnen Zahl und Jahr des Druckes

Alle Drucke dieser Auflage können, da unverändert, nebeneinander benutzt werden.
1. Auflage
© 2009 Hueber Verlag, 85737 Ismaning, Deutschland
Satz: Typosatz W. Namisla GmbH, München
Druck und Bindung: Firmengruppe APPL, aprinta druck, Wemding
Printed in Germany
ISBN 978-3-19-061916-0

INHALT

	Seite
Allgemeine Hinweise zur Prüfung	4
Prüfungsaufgaben	
Hören 1	6
Hören 2	8
Hören 3	10
Hören 4	12
Lesen 1	14
Lesen 2	16
Lesen 3	18
Lesen 4	20
Lesen 5	22
Schreiben	24
Sprechen 1	25
Sprechen 2	26
Sprechen 3	28
Transkriptionen	29
Lösungen	34

Allgemeine Hinweise zur Prüfung

Mit diesem Übungstest können Sie

- feststellen, was genau in der Prüfung *Deutsch-Test für Zuwanderer* verlangt wird,
- sich selbst testen und Ihren Leistungsstand einschätzen,
- sich mithilfe von Tipps gezielt auf die Prüfung vorbereiten.

Schriftliche Prüfung

	Teil		Punkte	Minuten
HÖREN	1	Ansagen am Telefon, öffentliche Durchsagen	4	25
	2	Radioinformationen	5	
	3	Gespräche	8	
	4	Meinungsäußerungen	3	
LESEN	1	Katalog, Register, Verzeichnisse	5	45
	2	Anzeigen	5	
	3	Presse, formelle Mitteilungen	6	
	4	Informationsbroschüren	3	
	5	Formeller Brief	6	
SCHREIBEN	1	Mitteilung im formellen Register	15	30

Mündliche Prüfung

	Teil		Punkte	Minuten
SPRECHEN	1a	Vorstellen	5	ca. 10 pro Teilnehmer
	1b	Nachfragen beantworten	5	
	2a	Informationen geben	5	
	2b	Vergleichen, erzählen	10	
	3	Etwas aushandeln	15	

Allgemeine Hinweise

Allgemeine Hinweise zur Prüfung

Schriftliche Prüfung

Zur schriftlichen Prüfung gehören die Teile *Hören*, *Lesen* und *Schreiben*.
In *Hören* und *Lesen* sollen Sie gesprochene und schriftliche deutsche Texte verstehen.
Zu den verschiedenen Texten lösen Sie insgesamt 45 Aufgaben durch Ankreuzen. Die Lösungen erarbeiten Sie sich am besten zuerst auf dem Aufgabenblatt und übertragen erst am Ende alle Kreuze auf den Antwortbogen. So haben Sie noch einmal die Möglichkeit, Ihre Antworten zu korrigieren. Sie haben zum Lösen der Aufgaben in den Teilen *Hören* und *Lesen* inklusive Ankreuzen 70 Minuten Zeit.

Im Teil *Schreiben* sollen Sie einen Brief schreiben. Dafür haben Sie noch einmal
30 Minuten Zeit.

Mündliche Prüfung

Die mündliche Prüfung hat drei Teile und dauert insgesamt circa 20 Minuten.
Sie kann mit einem oder zwei Teilnehmenden durchgeführt werden. Normalerweise sind es zwei.
Die Teilnehmenden sprechen mit einem/einer Prüfenden.
In der Prüfung soll ein interessantes Gespräch entstehen, in dem beide Partner etwas sagen. Jede/r Teilnehmende spricht etwa 10 Minuten.

Bewertet wird, wie gut Ihr Deutsch schon ist. Das heißt vor allem, ob Sie zu den Aufgaben etwas sagen können, aber auch, wie ausführlich und genau Sie sprechen. Kriterien sind Aussprache, Flüssigkeit, Korrektheit und Wortschatz.

Ergebnisse

Haben Sie in den Aufgaben zum *Hören* und *Lesen* mindestens 20 von 45 Aufgaben richtig gelöst, steht im Zeugnis die Stufe A2, ab 33 von 45 Aufgaben die Stufe B1. In den Teilen *Schreiben* und *Sprechen* wird von den Prüfenden bewertet, ob Ihre Leistung eher A2 oder B1 entspricht.

Das Zeugnis bescheinigt, welche Stufe Sie in jedem Teil und insgesamt erreicht haben. Haben Sie im *Sprechen* und mindestens in einem schriftlichen Teil, also in:
- *Sprechen* und *Hören* + *Lesen* oder
- *Sprechen* und *Schreiben*

die Stufe B1 erreicht, erhalten Sie als Gesamtergebnis B1.

HÖREN

In den vier Prüfungsaufgaben hören Sie insgesamt 19 verschiedene Texte. Sie hören immer zuerst die Nummer der Aufgabe, danach haben Sie einige Sekunden Zeit, die Fragen zu lesen. Nutzen Sie diese Lesezeit. Dann hören Sie eine Telefonansage, einen Dialog oder Ähnliches. Konzentrieren Sie sich gut, denn Sie hören alle Texte nur einmal.

HÖREN 1

Sie hören vier kurze Nachrichten am Telefon oder Durchsagen am Bahnhof, im Bus, im Supermarkt usw. Am Telefon hören Sie zum Beispiel Personen aus einem Amt, einer Arztpraxis oder einer Autowerkstatt.

Zu jedem Text lösen Sie eine Aufgabe.

Arbeitszeit: circa 4 Minuten

Tipp 1 Erst lesen, dann hören

TRACK 2

- Vor dem ersten Hörtext hören Sie einen Beispieltext. Sehen Sie sich das Beispiel (0) an. Lesen Sie die Frage. Markieren Sie die wichtigsten Wörter. Unterstreichen Sie zum Beispiel die Wörter *Fragen* und *Vertrag*.

- Hören Sie jetzt den Text dazu. Sehen Sie sich die richtige Lösung an: b *Die Taste 3 drücken*.

- Bevor Sie jeden folgenden Text von der CD hören, haben Sie einige Sekunden Zeit. Lesen Sie in dieser Zeit die Aufgabe zu den entsprechenden Nummern. Unterstreichen Sie zum Beispiel in Aufgabe 1 das Fragewort *Wie* und *fahren* und in den Antworten a, b oder c die wichtigen Wörter: zum Beispiel *Bahn, Straßenbahn* und *Bus*.

Tipp 2 Schwierige Wörter ignorieren

Sie verstehen ein Wort nicht? Kein Problem: Denken Sie *nicht*: Das habe ich *nicht* verstanden! Denken Sie: Das *alles* habe ich verstanden! Lesen Sie dazu den Hörtext aus dem Beispiel.

> Sie sind _____ mit der Hotline der Deutschen Telekom. Dieser Anruf ist _____.
> Für _____ Informationen _____ Sie bitte die 1. Wenn Sie unsere
> Sommerangebote kennenlernen möchten, _____ Sie bitte die 2. Für Informationen zu
> Ihrem Vertrag bitte Taste 3 _____ und wenn Sie mit einem unserer Mitarbeiter sprechen
> möchten, dann _____ Sie bitte die 4. Vielen Dank.

In dem Text fehlen ein paar schwere Wörter: *verbunden, kostenfrei, allgemeine, drücken, günstigen, betätigen*. Trotzdem können Sie den Text gut verstehen: Sie brauchen diese Wörter nicht für die Aufgabe.

HÖREN

Aufgabe 1

Sie hören jetzt Ansagen am Telefon oder per Lautsprecher.
Zu jedem Text gibt es eine Aufgabe. Bitte kreuzen Sie die richtige Antwort an.

Beispiel:

0 Sie haben Fragen zu Ihrem Vertrag. Was müssen Sie tun?
- [a] Die 1 wählen.
- [b] Die Taste 3 drücken. ✗
- [c] Mit einem Mitarbeiter sprechen.

1 Wie können Sie heute nach Neckarau fahren?
- [a] Mit der Bahn.
- [b] Mit der Straßenbahn 7.
- [c] Mit Straßenbahn und Bus.

2 Wann können Sie Ihren Ausweis abholen?
- [a] Donnerstags bis acht Uhr abends.
- [b] Freitags bis zwanzig Uhr.
- [c] Montags und mittwochs am Nachmittag.

3 Was soll Frau Nemecec tun?
- [a] Am Freitag beim Zahnarzt anrufen.
- [b] Am Freitag zum Zahnarzt kommen.
- [c] Heute noch zum Zahnarzt gehen.

4 Was sollen die Fluggäste nach Istanbul machen?
- [a] Sofort einsteigen.
- [b] Um 15:45 Uhr einsteigen.
- [c] Zu Flugsteig B 23 gehen.

HÖREN

HÖREN 2

Sie hören fünf kurze Radio-Informationen: zum Beispiel einen Wetterbericht, eine Verkehrsnachricht, einen Hinweis zu einer Veranstaltung.

Zu jeder Information gibt es eine Aufgabe.

Arbeitszeit: etwa 5 Minuten

Tipp 1 — Vor dem Hören

Welche Themen haben die Informationen? Lesen Sie nur die Fragen und Antworten zu den Nummern 5 bis 9. Ordnen Sie zu.

		Nummer
a)	das Wetter	_6_
b)	das Radioprogramm	___
c)	Verkehrsnachrichten	___
d)	ein Spiel	___
e)	eine Person wird gesucht	___

Markieren Sie die Fragewörter in den Aufgaben 5 bis 9: *Was? Wie? Wo?* usw. Welches Wort in den Antworten ist am wichtigsten? Unterstreichen Sie.

Tipp 2 — Immer nur eine Lösung ankreuzen

Es gibt nur eine richtige Lösung. Das heißt: Sie dürfen bei jeder Aufgabe nur ein Kreuz machen. Auch wenn Sie nicht ganz sicher sind, kreuzen Sie trotzdem immer eine Lösung an.

HÖREN

Aufgabe 2

TRACK 8-12

Sie hören jetzt Ansagen aus dem Radio.
Zu jedem Text gibt es eine Aufgabe. Bitte kreuzen Sie die richtige Antwort an.

5 Was kann man bei Radio FFM um 15:00 Uhr hören?

- a Die neuesten Nachrichten.
- b Die schönsten Hits.
- c Tipps für Mieter.

6 Wie wird das Wetter am Samstag und Sonntag?

- a Es gibt Sonnenschein und warme Temperaturen.
- b Es wird kühl.
- c Es wird regnen.

7 Wo ist ein Unfall passiert?

- a Auf der A5 Richtung Frankfurt.
- b Auf der Autobahn nach Kassel.
- c Vor der Ausfahrt Lorsch.

8 Was soll Herr Meininger tun?

- a In Berlin anrufen.
- b Mit seiner Mutter telefonieren.
- c Nach Essen fahren.

9 Was kann man gewinnen?

- a Einen neuen Kühlschrank.
- b Gutscheine für Lebensmittel.
- c 500 Gutscheine.

HÖREN

HÖREN 3

Sie hören fünf kurze Gespräche zwischen zwei Personen, die zum Beispiel auf einem Amt sind oder auf der Straße, bei der Arbeit usw.

Zu jedem Gespräch lösen Sie zwei Aufgaben.

Arbeitszeit: circa 7 Minuten

Tipp **Erkennen der Situation**

In der ersten der beiden Aufgaben geht es darum zu erkennen, um welches Thema es sich handeln könnte. Lesen Sie nur die erste der beiden Aufgaben zu jedem Gespräch. Also Nummer 01, 10, 12, 14 und 16. Ordnen Sie zu

	Nummer
a) Kinder	___
b) Verkehrsmittel	___
c) Firma	___
d) Familie	___
e) Wohnung	___

Aufgabe 3

TRACK 13–17

Sie hören jetzt mehrere Gespräche. Zu jedem Gespräch lösen Sie zwei Aufgaben. Bitte kreuzen Sie die richtige Antwort an.

Beispiel:

01 Sie hören ein Gespräch zwischen einem Paar.

 Ri[X]tig   Falsch

02 Worum geht es?

a) Die Familie möchte eine Reise in die Heimat machen.
[X] b) Die Familie möchte einen Ausflug machen.
c) Die Kinder haben Probleme in der Schule.

HÖREN

10 Die Frau und der Mann arbeiten in derselben Firma.   ☐ Richtig   ☐ Falsch

11 Was planen sie?
- [a] Ein Abschiedsfest für einen Kollegen.
- [b] Eine Besprechung.
- [c] Einen Umzug nach Hamburg.

12 Die Kinder können nicht mehr in den Kindergarten.   ☐ Richtig   ☐ Falsch

13 Warum ruft Frau Zöller an?
- [a] Die Kinder sind heute nicht im Kindergarten.
- [b] Herr Yildirim soll in den Kindergarten kommen.
- [c] Nächste Woche ist der Kindergarten zwei Tage zu.

14 Die beiden möchten mit dem Auto fahren.   ☐ Richtig   ☐ Falsch

15 Warum geht der Mann zu Fuß?
- [a] Er hat kein Auto.
- [b] Die Straßenbahn ist zu teuer.
- [c] Es macht ihm Spaß.

16 Die Frau zieht mit ihrer Familie nach Wolfsburg.   ☐ Richtig   ☐ Falsch

17 Frau Adamescu
- [a] möchte eine Wohnung mit Balkon.
- [b] möchte im Zentrum wohnen.
- [c] sucht eine Wohnung für sich alleine.

HÖREN

HÖREN 4

Sie hören Aussagen mehrerer Personen mit unterschiedlichen Meinungen zu einem Thema, zum Beispiel *Ob Kinder in den Kindergarten gehen sollten, preiswertes Einkaufen* etc.

Diese Meinungen finden Sie in den Aufgaben.

Arbeitszeit: circa 4 Minuten

Tipp 1 Beginnen Sie mit der Auswahl der Antworten schon vor dem Hören.

- Lesen Sie die Sätze a bis f genau durch. Fragen Sie sich bei jedem Satz: Was ist hier gemeint? Machen Sie sich neben den Sätzen Stichworte in Ihrer Muttersprache.

- Den Satz, der zum Beispiel gehört, dürfen Sie nicht noch einmal verwenden. Streichen Sie ihn.

- Gibt es Aussagen, die Ihnen unrealistisch oder ganz unlogisch vorkommen? Markieren Sie diese Sätze. Sie kommen als Lösung kaum infrage.

- Es gibt drei Aussagen und sechs Sätze: Das Beispiel haben Sie gestrichen, es bleiben zwei Sätze übrig, die zu keiner Aussage passen.

HÖREN

Aufgabe 4

TRACK 18–21

Sie hören Aussagen zu einem Thema. Lesen Sie zunächst die Sätze a bis f. Sie haben dafür eine Minute Zeit. Entscheiden Sie dann beim Hören, welcher Satz zu welcher Aussage passt.

Nr.	Beispiel	18	19	20
Lösung	d			

- a Autofahrer sollen mehr Steuern bezahlen.
- b Öffentliche Verkehrsmittel müssen billiger werden.
- c Autos sollen mit Atomkraft fahren.
- d Autos werden bald mit Strom fahren oder ganz wenig Benzin verbrauchen.
- e Leute, die ein Auto für ihre Arbeit brauchen, sollen weniger Steuern bezahlen.
- f Wind und Sonne sollen Energie produzieren.

Tipp 2 **Nach dem Hören**

Am Ende der Prüfung *Hören* übertragen Sie Ihre Lösungen auf den Antwortbogen.
Sie haben dafür drei Minuten Zeit. Machen Sie bei jeder Nummer ein Kreuz.
Haben Sie einen Text oder eine Aufgabe nicht richtig verstanden? Antworten Sie trotzdem.
Vielleicht ist Ihre Lösung ja richtig.

LESEN

Sie lesen in den insgesamt fünf Prüfungsaufgaben 14 verschiedene Texte und sollen dazu Fragen beantworten. Ihre Antwort ist – wie beim Hören – immer ein Kreuz. Sie müssen also keine Wörter oder Sätze schreiben. Arbeiten Sie zuerst auf dem Aufgabenblatt. Am Ende übertragen Sie alle Kreuze auf den Antwortbogen. So haben Sie noch einmal die Möglichkeit zum Korrigieren.

LESEN 1

Sie lesen Informationstexte wie zum Beispiel Wegweiser im Kaufhaus, Inhaltsverzeichnisse in Katalogen oder im Internet. Sie sollen darin bestimmte Informationen suchen und finden.

Arbeitszeit: etwa 5 Minuten

Tipp 1 — Lesen und Lösen

- Markieren Sie zuerst in den Aufgaben die wichtigen Wörter, im Beispiel (0) *schwimmen gehen*.
- Suchen Sie dann im Text, welche Seite passt. Achtung: Im Text stehen meistens andere Wörter als in der Aufgabe. Beispiel: *schwimmen gehen* (Aufgabe 0) – *Wassersport, Badeseen* (Text).
- Sie müssen die Texte genau lesen, um die richtige Antwort geben zu können. Die Lösungen [a] und [b] passen zwar zu den Worten *schwimmen gehen*, aber unter *Ausflüge* und *Sport* finden Sie dann nichts Passendes.

Aufgabe 1

Sie haben am Wochenende Zeit und planen, was Sie unternehmen können.
Lesen Sie die Aufgaben 1 bis 5 und die Inhaltsübersicht einer Internetseite.
Auf welche Seite gehen Sie? Markieren Sie Antwort [a], [b] oder [c].

Beispiel:

0 Sie wollen am Wochenende schwimmen gehen.
     [a] Ausflüge
     [b] Sport
     [x] andere Seite

1 Sie interessieren sich für die Geschichte der Stadt, in der Sie leben.
     [a] Offener Sonntag im Museum
     [b] Besichtigungen
     [c] andere Seite

LESEN

2 Sie möchten sich informieren, wie man gesund lebt.
- a Sport
- b Kultur für alle
- c andere Seite

3 Sie interessieren sich für besonders schöne Blumen und Pflanzen.
- a Ausstellungen
- b Spaziergänge
- c andere Seite

4 Sie suchen ein Kinderfahrrad für Ihre Tochter. Sie wollen kein neues Fahrrad kaufen.
- a Sport
- b Stadtbummel
- c andere Seite

5 Sie hören gern spannende Geschichten.
- a Ausflüge
- b Ausstellungen
- c andere Seite

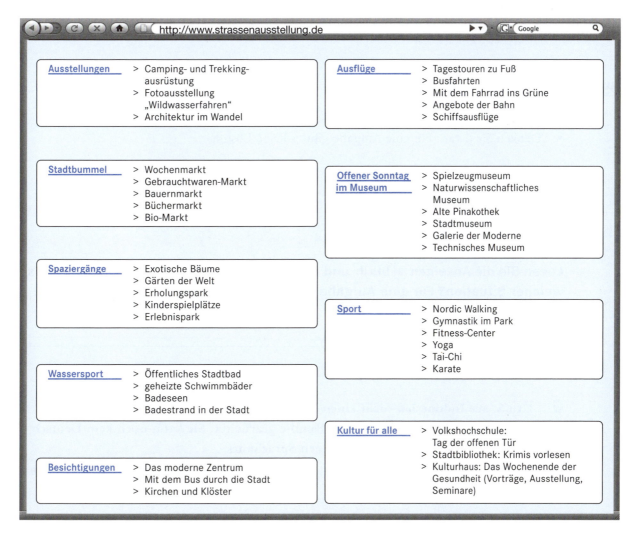

http://www.strassenausstellung.de

Ausstellungen
- Camping- und Trekkingausrüstung
- Fotoausstellung „Wildwasserfahren"
- Architektur im Wandel

Stadtbummel
- Wochenmarkt
- Gebrauchtwaren-Markt
- Bauernmarkt
- Büchermarkt
- Bio-Markt

Spaziergänge
- Exotische Bäume
- Gärten der Welt
- Erholungspark
- Kinderspielplätze
- Erlebnispark

Wassersport
- Öffentliches Stadtbad
- geheizte Schwimmbäder
- Badeseen
- Badestrand in der Stadt

Besichtigungen
- Das moderne Zentrum
- Mit dem Bus durch die Stadt
- Kirchen und Klöster

Ausflüge
- Tagestouren zu Fuß
- Busfahrten
- Mit dem Fahrrad ins Grüne
- Angebote der Bahn
- Schiffsausflüge

Offener Sonntag im Museum
- Spielzeugmuseum
- Naturwissenschaftliches Museum
- Alte Pinakothek
- Stadtmuseum
- Galerie der Moderne
- Technisches Museum

Sport
- Nordic Walking
- Gymnastik im Park
- Fitness-Center
- Yoga
- Tai-Chi
- Karate

Kultur für alle
- Volkshochschule: Tag der offenen Tür
- Stadtbibliothek: Krimis vorlesen
- Kulturhaus: Das Wochenende der Gesundheit (Vorträge, Ausstellung, Seminare)

LESEN

LESEN 2

Sie lesen acht Anzeigen aus Zeitungen, Zeitschriften oder dem Internet.
Zu diesen Anzeigen gibt es fünf Situationen. Personen suchen einen Job, eine Wohnung, ein gebrauchtes Auto usw. Nur eine der acht Anzeigen passt zu jeweils einer der fünf Situationen. Für eine Aufgabe gibt es keine Lösung.

Arbeitszeit: etwa 10 Minuten

Tipp 1 — Lesen und Lösen

- Lesen Sie zuerst die Aufgaben. Unterstreichen Sie die wichtigen Wörter.
  Suchen Sie dann die Anzeigen mit den Angaben, die zur Person passen.

- Lesen Sie das Beispiel (0). Welche Anzeige passt hier?
  - [c] und [h] passen nicht, weil man schon gut Deutsch können muss
  - bei [a] passt die Arbeitszeit nicht
  - [d] und [f] sprechen von Computerkenntnissen
  - [e] und [g] sind besonders für junge Leute

Tipp 2 — Eigene Reihenfolge

- Bearbeiten Sie zuerst die Aufgaben, die Sie einfach finden. Erst dann die schwierigen.
- Denken Sie daran: Für eine Aufgabe gibt es keine Lösung.

Aufgabe 2

Lesen Sie die Anzeigen [a] bis [h] und die Aufgaben 6 bis 10. Welche Anzeige passt zu welcher Situation? Für eine Aufgabe gibt es keine Lösung. Kreuzen Sie in diesem Fall [x] an.

Beispiel:

0 Utu S. aus Indonesien sucht einen Job. Sie ist 43 Jahre alt und kocht gut.
   Sie hat schon bei einer deutschen Familie gearbeitet. Sie kann noch kein Deutsch und besucht deshalb vormittags einen Sprachkurs.

LESEN

6 Lula hat einen Führerschein und spart für einen neuen Wagen. Sie möchte deshalb nach ihrer normalen Arbeitszeit, ab 18 Uhr, etwas Geld verdienen. Lula interessiert sich nicht für die neueste Technik. a b c d e f g h x

7 Samed S. wohnt in einem kleinen Dorf. Er kann gut mit Computern arbeiten und hat sich in seiner Wohnung ein Büro eingerichtet. a b c d e f g h x

8 Arjan M. macht viel Sport. Er spricht fließend Englisch und etwas Deutsch. Er arbeitet gern mit Menschen. Er sucht eine Arbeitsstelle, aber er möchte nachmittags Zeit für sein Training haben. a b c d e f g h x

9 Taner M. (35 Jahre) hat an der Volkshochschule einen Computerkurs gemacht. Er will unbedingt 40 Stunden pro Woche arbeiten. Er sucht eine Stelle in einem Computerladen. a b c d e f g h x

10 Mimoza B. hat einen 17-jährigen Sohn. Sie würde gern eine Teilzeitarbeit in einem Haushalt annehmen. a b c d e f g h x

---

a **Hilfe gesucht!** Mutter muss ins Krankenhaus. Wir suchen für ca. zwei Monate Hilfe für 2 Kinder (13 und 5 J.). Wir brauchen jemanden, der einmal pro Woche den ganzen Tag kommt und an den anderen Wochentagen am Nachmittag, außer am Wochenende. Tel. 040/183446

b Für kleines Speisecafé in Altona suchen wir selbstständige **Köchin** oder gute Hobbyköchin. Bei uns werden deutsche und asiatische Gerichte angeboten. Unsere Arbeitszeiten: täglich von 16-23 Uhr, außer am Montag. **Tel. 0171-9519341**

c Wir suchen **Telefonisten/Telefonistinnen**
- Sie wollen mindestens 10 Stunden/Woche arbeiten?
- Sie haben eine angenehme Telefonstimme und gute Deutschkenntnisse?
- Sie sind 20–30 Jahre alt?

Rufen Sie uns an: **Tel. 040-585734873**

d **Spaß an der Arbeit!** Sie kennen die wichtigsten Schreibprogramme und arbeiten gern von zu Hause aus? Bei uns können Sie 420 bis 930 Euro monatlich verdienen! Tel. 0384-49585

e **Arbeiten in der Briefzustellung!** **Sie:** – sind jung, dynamisch und körperlich fit – haben Deutschkenntnisse – arbeiten gern im Team. Wochenarbeitszeit: 10-20 Stunden in der Zeit von 8:00 bis 18:00 Uhr. Sie wählen Ihre Arbeitszeit selbst. **Tel: 040/33 79 21**

f **Junge Mitarbeiter/-innen für den Verkauf gesucht, mit PC-Grundkenntnissen, Halbtagsstelle. Gute Deutschkenntnisse vorausgesetzt. Wir bieten ein gutes Gehalt und beste Sozialleistungen. Kontakt: 040 / 39575684**

g Praktikum in den besten **Hotels in Österreich** zusammen mit 3–6-monatigem Studienprogramm in Deutsch, Hotelfach und Gastronomie. Voraussetzung: Abitur oder abgeschlossene Berufsausbildung. Senden Sie Ihre Bewerbung an: Hotelschule Salzburg,

h *Im Nebenjob Taxi **fahren**? Sie sprechen Deutsch, fahren gern große Autos und möchten am Abend arbeiten? Sie haben auch am Wochenende Zeit? Wir bieten Ihnen eine interessante und lukrative Nebentätigkeit an.* Tel. 040-9483733

LESEN

LESEN 3

Sie lesen drei kurze Texte, zum Beispiel aus der Zeitung und Mitteilungen aus der Schule, von der Hausverwaltung usw. Diese enthalten wichtige Informationen. Zu jedem Text gibt es zwei Aufgaben. Sie sollen zeigen, dass Sie alle Einzelheiten richtig verstehen.

Arbeitszeit: etwa 10 Minuten

Tipp Erst global, dann genau

Die erste Aufgabe bezieht sich auf die Aussage des ganzen Textes: Was wird in diesem Text gesagt? Die Antwort auf die zweite Frage müssen Sie im Text suchen.

Aufgabe 3

Lesen Sie die Meldungen und Mitteilungen und lösen Sie die Aufgaben 11 bis 16.

Stadtteilfest am Rüdesheimer Platz

Am 1. Mai fand im Park am Rüdesheimer Platz wieder das traditionelle Stadtteilfest statt. Es begann schon am Nachmittag mit den Wettspielen für die Kleinen: Sackhüpfen, Eierlaufen, Tauziehen. Viele Familien hatten sich schon um 15.00 Uhr in die Mitmach-Listen eingetragen. Natürlich gab es auch Preise für die kleinen Sportler. 50 Siegerinnen und Sieger zogen am Abend zufrieden nach Hause. Um 19.00 Uhr kam dann die Stunde für die Romantiker: Veronika Fröbe sang all die wunderbaren Hits aus den 70er-Jahren, unterstützt von „Rüdis Oldtimer Band". Es wurde getanzt und für das leibliche Wohl sorgte die Mannschaft vom Café Central mit Currywurst und Pommes frites, Bier und alkoholfreien Getränken.

11 Am 1. Mai fand eine politische Versammlung statt.   Richtig   Falsch

12 Was konnten die Kinder machen?
a etwas gewinnen
b kochen
c singen

Lesen   18

LESEN

Liebe Mitbewohner,

seit ein paar Wochen bleiben immer wieder Kartons und Tüten mit Papierabfall im Hof stehen. Die Papiertonnen sind schon nach zwei Tagen voll. Wir lesen zu viele Zeitungen, wir haben zu viele Verpackungen, wir bekommen zu viel Werbematerial.

Was machen wir jetzt?
Wohin mit dem Papier, wenn die Papiertonnen voll sind?

Wir haben folgende Vorschläge:
1. Lassen Sie die Verpackungen im Supermarkt.
2. Schneiden Sie Kartons in kleine Stücke.
3. Nehmen Sie kein Werbematerial an.
4. Falten Sie die Zeitungen fest zusammen.

Das Wichtigste ist aber, dass Sie bitte keine Kartons oder Tüten neben die Papiertonne stellen, weil sie nicht mitgenommen werden.

Mit freundlichen Grüßen
Die Hausverwaltung

---

13 Es gibt Probleme mit der Müllabfuhr. [Richtig] [Falsch]

14 Die Hausverwaltung möchte, dass
- [a] die Leute den Müll selbst wegbringen.
- [b] die Leute das Papier neben die Tonne legen.
- [c] es weniger Papiermüll gibt.

Liebe Kursteilnehmer,

jetzt lernen Sie seit drei Monaten bei uns Deutsch und wir hoffen, dass Sie sich hier wohlfühlen. Natürlich haben Sie immer noch viele Fragen zum Studium, zu Ihrer neuen Situation in Deutschland, zu der Stadt, in der Sie leben.
Wir möchten Ihnen dabei helfen und Ihre Fragen beantworten.
Seit Anfang des Monats haben wir für Sie einen Info-Point eingerichtet: Dort können Sie vormittags von 10.00 bis 12.00 Uhr Antworten auf Ihre Fragen bekommen.
Sie finden Frau Bayer von Montag bis Freitag an jedem Vormittag im Info-Point im dritten Stock, Zimmer 35.
Bitte bereiten Sie Ihre Fragen sorgfältig vor, fragen Sie auch Ihren Lehrer / Ihre Lehrerin.
Wir freuen uns, Ihnen mit dieser Initiative entgegenzukommen.

Mit freundlichen Grüßen
Ihre Kursorganisation

---

15 Es wird ein neuer Service angeboten. [Richtig] [Falsch]

16 Die Kursorganisation bittet darum,
- [a] am Nachmittag in den dritten Stock zu kommen.
- [b] mehr Deutsch zu lernen.
- [c] über die Fragen vorher nachzudenken.

LESEN

LESEN 4

Sie lesen einen längeren Informationstext aus einer Broschüre, zum Beispiel eine Gebrauchsanweisung zu einem Gerät. Zu diesem Text gibt es drei Aufgaben. Sie sollen zeigen, dass Sie die wichtigen Informationen finden.

Arbeitszeit: etwa 10 Minuten

Tipp **Schwierige Wörter ignorieren**

Sie verstehen ein Wort nicht? Kein Problem: Denken Sie *nicht*: Das habe ich *nicht* verstanden! Denken Sie: ***Alles andere*** habe ich verstanden!

Beispiel:

> In öffentlichen ▬▬▬▬ wie zum Beispiel Krankenhäusern, Schulen, Büros gibt es häufig Apparate, die auf ▬▬▬▬▬▬▬▬▬. Schalten Sie Ihr Mobiltelefon AUS, sobald Sie durch entsprechende Hinweisschilder dazu ▬▬▬▬ werden.

In dem Text fehlen ein paar schwere Wörter: *Einrichtungen, elektromagnetische Wellen empfindlich reagieren, aufgefordert.* Trotzdem können Sie den Text verstehen: Sie brauchen diese Wörter nicht für die Aufgabe.

LESEN

Aufgabe 4

Lesen Sie die Informationen und lösen Sie die Aufgaben 17 bis 19.

Handbuch

Telefonieren in der Öffentlichkeit
In öffentlichen Einrichtungen wie zum Beispiel Krankenhäusern, Schulen, Büros gibt es häufig Apparate, die auf elektromagnetische Wellen empfindlich reagieren. Schalten Sie Ihr Mobiltelefon AUS, sobald Sie durch entsprechende Hinweisschilder dazu aufgefordert werden.

Flugzeug
Schalten Sie Ihr Mobiltelefon aus, sobald Sie vom Personal der Fluggesellschaft dazu aufgefordert werden. Wenn Ihr Mobilgerät über eine zeitgebundene Einschaltautomatik verfügt, müssen Sie diese Funktion vor dem Einsteigen deaktivieren.

Medizinische Geräte
Personen mit Herzschrittmachern sollten das Mobiltelefon immer 15 Zentimeter von der Brust entfernt halten, wenn das Gerät EINGESCHALTET ist. Tragen Sie das Gerät niemals in einer Brusttasche.
Wenn Sie ein Hörgerät tragen, können Sie eventuell nicht jedes Mobilfunkgerät benutzen. Wenden Sie sich an den Hersteller Ihres Hörgerätes, um ein geeignetes Alternativmodell zu finden.
Wenn Sie andere medizinische Geräte benutzen, fragen Sie bitte Ihren Arzt, ob eine ausreichende Abschirmung gegen Radio-Frequenzwellen gegeben ist.

Telefonieren beim Autofahren
In einigen Ländern ist die Benutzung von Mobiltelefonen im Fahrzeug durch besondere Gesetze geregelt. Halten Sie sich immer an diese Bestimmungen.
Wenn Sie beim Autofahren telefonieren:
Benutzen Sie beim Fahren immer eine Freisprecheinrichtung.
Unterbrechen Sie das Gespräch, wenn Sie sich nicht auf das Fahren konzentrieren können.
Halten Sie zum Telefonieren an und parken Sie das Auto, bevor Sie das Mobilgerät benutzen.

Weitere Ratschläge zum verantwortlichen Fahren und Telefonieren finden Sie unter
www.worldex.com/callsmart.de

17 Man muss das Handy immer ausschalten, wenn man ein Amt besucht. Richtig | Falsch

18 Wer ein Hörgerät benutzt, muss sich informieren, um das richtige Handy zu finden. Richtig | Falsch

19 Für das Telefonieren im Auto gibt es keine Regeln. Richtig | Falsch

LESEN

LESEN 5

Sie lesen einen Brief, in dem sechs Wörter fehlen. Der Brief ist formell, das heißt, er ist an eine Person adressiert, die man mit „Sie" anspricht. Zu den Lücken erhalten Sie immer drei Wörter. Wählen Sie die Wörter, die in die Lücke passen.

Arbeitszeit: etwa 5 Minuten

Tipp 1   Formell schreiben

Wiederholen Sie die Formen, mit denen Sie höflich und formell schreiben. Dazu gehören:
- Anrede
- Gruß
- Modalverben: z.B. *möchte gerne ..., könnten Sie ..., darf ich Sie fragen ...*

Wiederholen Sie:

	Anrede	Gruß
formell	Sehr geehrter Herr ..., Sehr geehrte Frau ..., Sehr geehrte Damen und Herren,	Mit freundlichen Grüßen

Tipp 2   Nach dem Lesen

Am Ende der Prüfung *Lesen* übertragen Sie Ihre Lösungen auf den Antwortbogen. Machen Sie bei jeder Nummer ein Kreuz. Haben Sie einen Text oder eine Aufgabe nicht richtig verstanden? Antworten Sie trotzdem. Vielleicht ist Ihre Lösung ja richtig.

LESEN

Aufgabe 5

Welche Wörter passen hier? Kreuzen Sie an: a, b oder c. Es gibt nur eine richtige Lösung.

Deutsche Bahn
Bahncard-Service
60643 Frankfurt

Göttingen, 04.01....

Verlust (0) Bahncard 50

Sehr geehrte (20),

am Sonntag, 29.11., (21) mir meine Bahncard 50 gestohlen. Das Protokoll der Polizeistelle Göttingen-Süd lege ich hier in Fotokopie bei.

Da die Bahncard noch bis Oktober des nächsten Jahres gültig ist, möchte ich Sie (22), mir eine Ersatz-Bahncard zu schicken.

Ich weiß, (23) die Ersatz-Bahncard € 15,00 kostet. Diese Summe werde ich auf Ihr Konto (24), sobald ich die neue Bahncard 50 bekommen habe.

Mit freundlichen (25)
Sybille Stankowsky

Beispiel:

| 0 | ☒ der | b die | c das |

20	a Frau	b Damen und Herren	c Herr
21	a wird	b wurde	c war
22	a bitten	b haben	c sorgen
23	a dass	b ob	c was
24	a übertragen	b übergeben	c überweisen
25	a Grüßen	b Worten	c Wünschen

SCHREIBEN

SCHREIBEN

Sie schreiben einen Brief, ein Fax oder eine E-Mail an Ihre Lehrerin, einen Kollegen oder eine andere Person. Der Brief ist formell, das heißt, er ist adressiert an eine Person, die man mit „Sie" anspricht. In der Aufgabe steht, worum es geht: Sie können zum Beispiel nicht zu einem Termin kommen. Außerdem finden Sie vier Leitpunkte, zu denen Sie etwas schreiben sollen.

In der Prüfung können Sie aus zwei Themen für den Brief auswählen.

Arbeitszeit: 30 Minuten

Tipp 1 Vor dem Schreiben

- An wen sollen Sie schreiben? Schreiben Sie sofort die passende Anrede und am Ende den passenden Gruß auf den Antwortbogen. Schreiben Sie Ihren ganzen Namen darunter, also Vor- und Nachnamen.

- Die richtigen Wörter: Notieren Sie neben jeden Punkt im Aufgabenblatt zwei bis drei einzelne Wörter, die Sie brauchen. Beginnen Sie erst danach, Sätze auf das Blatt zu schreiben.

- Im ersten Satz steht, warum Sie schreiben: zum Beispiel danken Sie für eine Einladung, Sie freuen sich auf ein Wiedersehen, Sie bewerben sich um eine Stelle usw.

Aufgabe

Thema 1

Sie haben eine Anzeige für eine Stelle als Verkäufer/Verkäuferin gelesen. Sie sind daran interessiert. Deshalb schreiben Sie an den Arbeitgeber. Schreiben Sie auch eine Anrede und einen Gruß.

- Grund für das Schreiben
- Wer Sie sind
- Deutschkenntnisse
- Berufserfahrung

Thema 2

In Ihrer Wohnung funktioniert der Fernseher nicht. Die Antenne funktioniert nicht mehr. Sie haben bereits mit Ihrem Hausverwalter, Herrn Wiedemann, telefoniert, aber es ist nichts passiert. Deshalb schreiben Sie an den Hausverwalter:

- Grund für Ihr Schreiben
- Was soll passieren?
- Wann soll das passieren?
- Was machen Sie, wenn Sie keine Antwort bekommen?

Zeigen Sie, was Sie können. Schreiben Sie möglichst viel.

Tipp 2 Nach dem Schreiben

- Haben Sie Anrede und Gruß? Ihren Absender brauchen Sie nicht.
- Haben Sie schwierige Wörter richtig geschrieben? Und haben Sie sauber geschrieben? Können die Prüfenden den Text lesen?

SPRECHEN

Die *mündliche* Prüfung hat drei Teile. Sie sprechen mit einem/einer anderen Teilnehmenden und zwei Prüfenden. Jedes Prüfungsgespräch dauert circa 20 Minuten. Jede/r Teilnehmende spricht also etwa 10 Minuten.

SPRECHEN 1

Sie sollen über sich selbst sprechen. Eine/r der Prüfenden bittet Sie, sich kurz vorzustellen. Links sehen Sie die Wörter aus dem Aufgabenblatt. Sagen Sie möglichst viel über sich.

Aufgabe 1

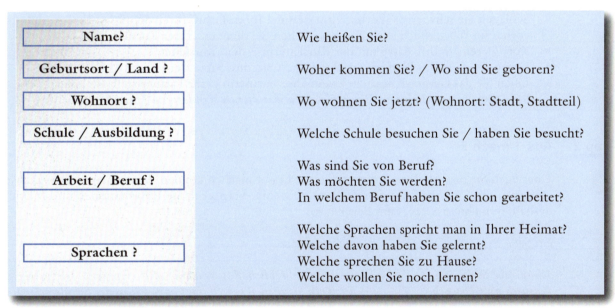

Danach stellt die Prüferin / der Prüfer mehrere Fragen zu dem, was Sie gesagt haben. Sie/Er fragt zum Beispiel nach Ihrer Ausbildung oder Ihrem Beruf.

Mögliche Fragen:

- ▲ Welchen Beruf haben Sie gelernt?
- ▲ Haben Sie dafür eine Ausbildung gemacht?
- ▲ Was machen Sie in Ihrem Beruf?
- ▲ Was gefällt Ihnen an Ihrem Beruf besonders?
- ▲ Gibt es auch etwas, das Ihnen nicht gefällt?

Mögliche Antworten:

- • Ich bin Techniker.
- • Ja, ich habe zwei Jahre lang eine Fachschule besucht.
- • Ich repariere Geräte und berate Kunden.
- • Ich arbeite sehr gern mit meinen Händen. Das macht mir eigentlich am meisten Spaß.
- • Leider verdiene ich nicht besonders viel und hätte gern eine Stelle, bei der ich mehr Geld bekomme.

Bewertet werden Ihre Vorstellung und Ihre Antworten.
Ihre Partnerin / Ihr Partner führt danach dasselbe Gespräch mit dem Prüfenden.

SPRECHEN

Tipp 1 **Texte erst schreiben, dann sprechen**

Überlegen Sie für die Vorstellung: Zu welchen Stichworten möchten Sie etwas sagen, zu welchen nicht? Sie müssen nicht zu jedem Stichwort etwas sagen, zum Beispiel möchten Sie vielleicht nicht über die *Schule* sprechen.

Beispiel:

> *Mein Name ist Ivana Djurovic. Ich komme aus Serbien. Ich bin in Belgrad geboren, aber ich lebe schon seit elf Monaten in Deutschland. Ich wohne jetzt in Geretsried bei München. Ich spreche Serbisch, aber auch ein bisschen Russisch. Im Kurs habe ich jetzt auch Deutsch gelernt. Von Beruf bin ich Computerspezialistin. Ich habe in meiner Heimat in verschiedenen Firmen als Programmiererin gearbeitet. Im Moment arbeite ich nicht. Ich würde aber gerne wieder in der Computerbranche arbeiten.*

Lesen Sie das Beispiel. Schreiben Sie jetzt eine Vorstellung für sich.

- Schlagen Sie schwierige Wörter, zum Beispiel Ihren Beruf, Ihren Schultyp, Ihre Ausbildung vorher im Wörterbuch nach und besprechen Sie diese mit Ihrer Kursleitung.
- Korrigieren Sie Ihre Sätze mit der Kursleiterin / dem Kursleiter.
- Legen Sie dann das Blatt weg und sprechen Sie Ihre Sätze frei.
- Üben Sie das Gespräch auch zu zweit. Ihre Partnerin / Ihr Partner stellt Fragen zu dem, was Sie gesagt haben. Beispiel: *Was sprichst du mit deinen Kindern zu Hause?*

Tipp 2 **Aus 1 mach 2**

Überlegen Sie, wie Sie Ihre Antworten noch besser machen können. Versuchen Sie, möglichst viel zu sagen. Ein Satz ist oft für den Zuhörer zu wenig. Verpacken Sie Informationen und Meinungen deshalb in mehrere Sätze, zum Beispiel so:

ein Satz	mehrere Sätze
Ich spreche Serbisch, Russisch und Deutsch.	*Ich spreche Serbisch, das ist meine Muttersprache. Ich spreche aber auch ein bisschen Russisch. Das habe ich in der Schule gelernt. Im Kurs habe ich jetzt auch Deutsch gelernt.*
7 Wörter	29 Wörter

SPRECHEN 2

In diesem Teil bekommt jede/r Teilnehmende ein Foto. Beide Fotos sind unterschiedlich, aber zu einem Thema, zum Beispiel zum Thema *Sprachen lernen, Hochzeiten, Essen*. Zuerst bittet der/die Prüfende beide Teilnehmende nacheinander, über ihr Bild zu sprechen. Sie sollen sagen, was Sie auf dem Foto sehen. Danach stellt der/die Prüfende noch weitere Fragen. Sie sollen dann darüber sprechen, welche Erfahrungen Sie zu dem Thema gemacht haben oder wie das in dem Land ist, aus dem Sie kommen. Sie können sich dabei auch mit Ihrer Partnerin / Ihrem Partner unterhalten.

SPRECHEN

Aufgabe 2

Teil A
Sie haben in einer Zeitschrift ein Foto gefunden.
Berichten Sie Ihrer Gesprächspartnerin / Ihrem Gesprächspartner kurz:
- Was sehen Sie auf dem Foto?
- Was für eine Situation zeigt dieses Bild?

Teilnehmende/r A

Teilnehmende/r B

Teil B
Unterhalten Sie sich jetzt über das Thema. Erzählen Sie: Wie ist das bei Ihnen? In dem Land, aus dem Sie oder Ihre Eltern kommen?

Die Prüfenden können in Teil B weitere Fragen stellen, zum Beispiel:

- *Wie feiert man bei Ihnen Hochzeit?*
- *Erzählen Sie etwas über Geschenke.*
- *Was sind typische Geschenke zur Hochzeit?*
- *Wie viel dürfen sie kosten?*

- *Wie feiert man bei Ihnen Hochzeit?*
- *Erzählen Sie etwas über das Fest.*
- *Wo feiert man?*
- *Wie viele Gäste kommen? Wen laden Sie ein?*

Tipp 1 **Proben Sie.**

Wählen Sie zwei Fotos aus Ihrem Lehrbuch. Sprechen Sie darüber mit einer Partnerin / einem Partner. Machen Sie eine Probeprüfung in der Klasse. Womit sind Sie selbst zufrieden? Was könnten Sie noch besser machen? Fragen Sie auch die anderen im Kurs.

Tipp 2 **Nachfragen üben.**

Es ist gut, wenn Sie auf das, was Ihre Partnerin / Ihr Partner gesagt hat, eingehen. Üben Sie Reaktionen und Nachfragen.

Reaktionen:
Das ist aber interessant. Das wusste ich nicht.
Ja, das ist bei uns auch so.
Bei uns ist das ganz anders.

Nachfragen:
Wie ist das bei euch zu Hause, wenn ...?

Tipp 3 **Komplette Sätze, bitte.**
Sprechen Sie nicht in „Zwei-Wort-Sätzen", zum Beispiel: *Weiß nicht.* Machen Sie ganze Sätze: *Das weiß ich leider nicht. Tut mir leid.*

SPRECHEN

SPRECHEN 3

Sie sollen zu zweit im Gespräch gemeinsam etwas planen. Hierfür bekommen Sie einige Notizen. Sie sollen sich gegenseitig Ihre Ideen mitteilen, Vorschläge machen und auf Vorschläge Ihrer Gesprächspartnerin / Ihres Gesprächspartners reagieren.

Aufgabe 3

Sie planen für das Kursende einen Tag im Park zusammen. Besprechen Sie, wie Sie diesen Tag organisieren könnten. Überlegen Sie sich alle Einzelheiten.
Hier haben Sie schon einige Notizen:

- Wo?
- Wann genau?
- Essen und Trinken?
- Musik?
- Wer macht was?
- Wer bezahlt dafür?

Tipp 1 Vorschläge machen – aber richtig!

Schreiben Sie zu jedem Stichwort einen Vorschlag auf ein Blatt. Sagen Sie auch, warum Sie diesen Vorschlag gut finden.

Beispiel:

A: Wir könnten im Westpark feiern. Kennst du den?
B: Nein, den kenne ich leider nicht. Ist es denn schön dort?
A: Ja, sicher, da gibt es alles, was man braucht: große Wiesen, Spielplätze, Plätze zum Grillen.
B: Ja, das klingt ja gut. Wann sollen wir uns denn dort treffen?
A: Am besten, wenn alle Zeit haben, auch die, die arbeiten.
B: Ja, genau. Das finde ich auch. Ich möchte meine Kinder mitbringen, die sind morgens in der Schule.
A: Genau, meine auch. Also müssen wir es am Wochenende machen oder am Abend. Was ist besser? Was meinst du? …

Tipp 2 Fragen kostet nichts!

Verstehen Sie etwas nicht, was Ihre Partnerin / Ihr Partner sagt, dann bitten Sie einfach um Wiederholung. Sie dürfen auch nach einem unbekannten Wort fragen. Sagen Sie zum Beispiel:
Was ist das, bitte – Spielplätze? Ich verstehe das Wort nicht. Oder: *Können Sie das bitte wiederholen?* Oder: *Kannst du das bitte erklären?*

Tipp 3 Beide sprechen

Achten Sie darauf, dass beide zu Wort kommen und ausreichend viel sprechen. Es ist nicht genug, nur auf Fragen der Partnerin / des Partners zu antworten. Man sollte auch selbst aktiv Ideen in das Gespräch einbringen.

Sprechen

TRANSKRIPTIONEN

Aufgabe 1

Sie hören jetzt Ansagen am Telefon oder per Lautsprecher. Zu jedem Text gibt es eine Aufgabe. Bitte kreuzen Sie die richtige Antwort an.

Beispiel:

Sie sind verbunden mit der Hotline der Deutschen Telekom. Dieser Anruf ist kostenfrei.
Für allgemeine Informationen drücken Sie bitte die 1. Wenn Sie unsere günstigen Sommerangebote kennenlernen möchten, drücken Sie bitte die 2. Für Informationen zu Ihrem Vertrag bitte Taste 3 betätigen und wenn Sie mit einem unserer Mitarbeiter sprechen möchten, dann drücken Sie bitte die 4. Vielen Dank.

Nummer 1
Liebe Fahrgäste. Wegen dringender Reparaturarbeiten an den Gleisen fährt die Straßenbahn der Linie 7 heute nur bis zum Hauptbahnhof. Dort stehen Busse zur Weiterfahrt bereit. Wir bitten deshalb alle Fahrgäste in Richtung Neckarau unsere Ersatzbusse ab Mannheim Hauptbahnhof zu benutzen. Sie stehen an der Haltestelle für Sie bereit.

Nummer 2
Güntersen vom Bürgerservice, guten Tag. Ihr Personalausweis liegt nun zum Abholen bereit. Bringen Sie bitte Ihren Antrag und Ihren gültigen Reisepass mit. Der Bürgerservice ist an Werktagen außer Samstag am Vormittag für Sie geöffnet. Am Dienstag und Freitag können Sie den Ausweis auch am Nachmittag abholen und am Donnerstag bis 20:00 Uhr.

Nummer 3
Zahnarztpraxis Dr. Eggstein, guten Morgen. Frau Nemecec, Sie haben bei uns um einen Termin am Freitag um 16:30 Uhr gebeten. Leider können wir diesen Termin nicht bestätigen. Sie können aber noch heute ab 14:00 Uhr zu uns kommen. Falls das nicht möglich ist, rufen Sie uns bitte noch vor 14:00 Uhr an. Das wäre nett. Sie erreichen uns unter der Nummer 223 447. Auf Wiederhören.

Nummer 4
Achtung. Alle Fluggäste gebucht auf Lufthansa LH 883 nach Istanbul bitten wir jetzt umgehend zum Flugsteig B 23. Ihr Flugzeug ist in wenigen Minuten zum Einsteigen bereit. Die neue Abflugzeit ist jetzt 15:45 Uhr. Wir bitten, die Verspätung zu entschuldigen.
Ich wiederhole: Flug LH 883 am Flugsteig B 23 in wenigen Minuten zum Einsteigen bereit.

TRANSKRIPTIONEN

Aufgabe 2

Sie hören jetzt Ansagen aus dem Radio. Zu jedem Text gibt es eine Aufgabe. Bitte kreuzen Sie die richtige Antwort an.

Nummer 5

Und hier wieder Radio 333 FFM mit dem weiteren Programm:
Um 13:00 Uhr die neuesten Nachrichten aus aller Welt, das Wetter und Aktuelles aus der Region. Im Anschluss dann die schönsten Hits der Neunzigerjahre mit Moni und Frank und ab 15:00 Uhr unser aktuelles Magazin mit interessanten Tipps für alle Mieter. Da antworten wir auf alle Ihre Fragen rund um das Thema Wohnen. Rufen Sie uns an unter 0210777.

Nummer 6

13:00 Uhr: Das aktuelle Wetter. Heute noch trocken und freundlich, aber bereits in der Nacht von Westen her Gewitter und Temperaturrückgang auf kühle 11 Grad. Morgen, Donnerstag, dann verbreitet Regen mit Temperaturen unter 20 Grad. In
der Nacht zum Freitag wird es wieder sternenklar und das Wochenende bringt uns dann wieder viel Sonne und sommerliche Temperaturen bis zu 30 Grad.

Nummer 7

Und jetzt die aktuelle Verkehrsübersicht in der Region: Vorsicht auf der A5 Richtung Frankfurt: Wegen starkem Verkehrsaufkommen am Darmstädter Kreuz stockender Verkehr mit zeitweiligem Stillstand über 10 Kilometer. In Gegenrichtung wegen einer Baustelle 5 Kilometer Stau vor der Ausfahrt Lorsch. Und auf der A3 Richtung Kassel nach einem Unfall stockender Verkehr vor der Ausfahrt Kassel Stadtmitte.

Nummer 8

Und jetzt ein Reiseruf: Herr Meininger, unterwegs auf der A1 Richtung Berlin in einem weißen Opel mit dem Kennzeichen B–KA–4553 soll sich bitte sofort mit seiner Mutter in Essen in Verbindung setzen. Ich wiederhole: Herr Meininger, auf der Fahrt nach Berlin, bitte rufen Sie umgehend Ihre Mutter in Essen an.

Nummer 9

Gewinnen Sie mit uns und füllen Sie Ihre Haushaltskasse. Wir helfen Ihnen, dass Ihr Kühlschrank auch bei den hohen Preisen voll wird. Sie können Einkaufsgutscheine bis zu 500 € gewinnen. Und so geht's: Immer wenn Sie den Signalton hören, rufen Sie die 0180-223344 an. Sie hören den Ton einmal oder öfter; pro Signalton gibt es einen Gutschein über 100 €. Mit ein bisschen Glück gewinnen Sie noch heute 500 €.

Transkriptionen

TRANSKRIPTIONEN

Aufgabe 3

Sie hören jetzt mehrere Gespräche. Zu jedem Gespräch lösen Sie zwei Aufgaben. Bitte kreuzen Sie die richtige Antwort an.

Beispiel:

Ehemann: Sag mal, wir könnten doch am Wochenende mal wieder alle zusammen einen Ausflug hier in die Umgebung machen. So ein bisschen unsere neue Heimat kennenlernen – seit wir umgezogen sind, haben wir immer nur am Haus gearbeitet. Also dazu hätte ich so richtig Lust.

Ehefrau: Oh, da müssen wir aber noch was einkaufen, unser Kühlschrank ist ziemlich leer. Und an diesem Samstag haben die Kinder ja auch noch Schule, da kommen wir nicht vor ein Uhr los. Das wird doch ein bisschen zu spät, findest du nicht?

Ehemann: Nein, das ist doch kein Problem. Ich kaufe morgen noch die wichtigsten Sachen und wir bereiten schon mal alles vor, sodass wir nach der Schule gleich losfahren können, oder?

Ehefrau: Na gut, wenn wir das so machen, dann könnten wir fahren.

Nummer 10 und 11

Sprecher: Weißt du eigentlich schon, dass Paul nächsten Monat nach Hamburg umzieht und zu einer anderen Firma wechselt? Nach so langer Zeit, 10 Jahre war er hier, oder? Also ich finde, wir sollten da auf jeden Fall ein schönes Abschiedsfest organisieren. Was meinst du?

Sprecherin: Auf jeden Fall! An was hättest du denn gedacht: etwas hier in der Firma oder lieber in einem Restaurant oder ganz etwas anderes?

Sprecher: Nee, in der Firma, das finde ich nicht so gut. Da haben wir nur den großen Besprechungsraum und der ist ja nicht gerade für so ein Fest geeignet. Und außerdem sind wir ja mehr als 30 Personen in unserer Abteilung.

Sprecherin: Hm ... ich kenn ein schönes Restaurant – direkt am Fluss, da kann man bei gutem Wetter auch draußen sitzen und das Essen ist auch sehr gut und gar nicht so teuer. Und soweit ich weiß, organisieren die auch Firmenfeiern.

Sprecher: Das hört sich doch gut an. Dann könntest du vielleicht bei dem Restaurant mal anrufen und ich überlege mal, wie wir das mit dem Geld regeln könnten.

Nummer 12 und 13

Sprecher: Yildirim.
Sprecherin: Guten Tag, Herr Yildirim, Zöller vom Kindergarten Maikäfer am Apparat.
Sprecher: Oh je, ist etwas mit den Kindern passiert?
Sprecherin: Nein, nein, keine Sorge, alles in Ordnung mit Ihren Kindern.
Sprecher: Da bin ich ja beruhigt. Worum geht es?

31 Transkriptionen

TRANSKRIPTIONEN

Sprecherin: Wir haben leider erst sehr kurzfristig erfahren, dass nächste Woche der Kindergarten wegen dringender Reparaturarbeiten am Donnerstag und Freitag geschlossen bleiben muss.

Sprecher: Und die Kinder? Meine Frau und ich arbeiten – wir können ja die Kinder nicht alleine zu Hause lassen!

Sprecherin: Genau deswegen rufe ich an: Sie können die Kinder an diesen beiden Tagen in den Kindergarten in der Häusserstraße bringen. Wissen Sie, wir konnten da zum Glück …

Nummer 14 und 15

Sprecherin: Hallo, Herr Bertram. Kommen Sie nicht mehr mit dem Auto ins Büro?

Sprecher: Guten Morgen, Frau Matuscheck. Nee, schon lange nicht mehr, ehrlich gesagt, bei diesen Benzinpreisen … So dauert es zwar ein bisschen länger, aber dafür stehe ich nicht mehr im Stau und muss keinen Parkplatz suchen.

Sprecherin: Ja, da haben Sie recht. Ich fahre auch schon seit einem Jahr nicht mehr mit meinem Auto in die Firma. Ich habe eine Monatskarte und mit der Straßenbahn klappt das sehr gut.

Sprecher: Ich könnte ja auch mit dem Bus fahren. Aber bei dem schönen Wetter gehe ich ganz gerne ein Stückchen zu Fuß und ein bisschen Bewegung tut ja auch ganz gut.

Sprecherin: Vielleicht sollte ich auch zu Fuß kommen; zumindest solange es das Wetter noch erlaubt.

Sprecher: Machen Sie das doch, wir könnten ja heute mal zusammen nach der Arbeit bis zum Bismarckplatz gehen.

Nummer 16 und 17

Sprecher: Guten Tag Frau Adamescu, setzen Sie sich doch bitte. Sie suchen also eine 2-Zimmerwohnung hier in Wolfsburg.

Sprecherin: Ja, und zwar ab 1. August. Mein Mann und die Kinder sind noch in Bukarest, aber die Kinder beginnen am 12. August mit der Schule in Deutschland und deshalb möchten wir spätestens am 1. August umziehen.

Sprecher: Gut, ich habe einige interessante Angebote. Alle Wohnungen sind entweder direkt im Zentrum oder höchstens ein paar Minuten von einer Bushaltestelle entfernt.

Sprecherin: Das hört sich ja gut an. Gibt es auch etwas mit Balkon?

Sprecher: Sehen Sie: Diese Wohnung liegt ganz ruhig und ist sehr günstig, aber sie hat leider keinen Balkon. Diese hier ist wohl zu klein für Ihre Familie, aber warten Sie, diese hier am Stadtpark hat einen kleinen Balkon.

Sprecherin: Oh ja, das wäre was, wann könnte ich sie besichtigen?

Sprecher: Gleich morgen um 14:00 Uhr.

TRANSKRIPTIONEN

Aufgabe 4

Sie hören Aussagen zu einem Thema. Lesen Sie zunächst die Sätze a bis f.
Sie haben dafür eine Minute Zeit.
Entscheiden Sie dann beim Hören, welcher Satz zu welcher Aussage passt.

Hohe Benzinpreise, Luftverschmutzung und Parkplatznot in den Städten – das sind Themen, die uns seit Längerem beschäftigen. Wie stehen Sie dazu? Wir haben verschiedene Leute nach ihrer Meinung gefragt.

Beispiel:

Also ich denke, dass diese Probleme nur technisch gelöst werden können. Man muss Autos bauen, die viel weniger Benzin verbrauchen und auch solche, die mit elektrischem Strom fahren können. Dann wird unsere Luft wieder sauberer. Auf mein eigenes Auto will ich nicht verzichten, denn es gibt mir die Möglichkeit, mich frei zu bewegen.

Nummer 18

Man muss den öffentlichen Verkehr hier ausbauen und auch billiger machen. Die Fahrscheine für Bahnen und Busse sind in Deutschland sehr teuer. In meinem Land kostet der Bus viel weniger. Deshalb fahren dort viele Leute nicht mit dem Auto zu ihrer Arbeit. Ich selbst habe kein Auto und muss mit dem Bus fahren.

Nummer 19

Das größte Problem sind die Steuern. Bei einem Liter Benzin zahle ich mehr als die Hälfte Steuern. Da kassiert doch nur der Staat. Ich arbeite als Vertreterin und brauche mein Auto für meinen Beruf. Mit öffentlichen Verkehrsmitteln kann ich mich nicht bewegen. Ich finde, dass alle Leute, die das Auto beruflich brauchen, weniger Mineralölsteuer zahlen sollten.

Nummer 20

Da gibt es nur eine Lösung: alternative Energien. Solange wir von den multinationalen Ölkonzernen abhängig sind, wird es immer schlimmer. Denn für die zählt nur der Gewinn. Wir müssen viel mehr Wind- und Sonnenenergie nutzen und die Atomkraft vielleicht doch wieder stärker nutzen. Sonst werden wir eines Tages ersticken.

LÖSUNGEN

HÖREN

Aufgabe 1
1. c
2. a
3. c
4. c

Aufgabe 2
5. c
6. a
7. b
8. b
9. b

Aufgabe 3
10. Richtig
11. a
12. Falsch
13. c
14. Falsch
15. c
16. Richtig
17. a

Aufgabe 4
18. b
19. e
20. f

LESEN

Aufgabe 1
1. a
2. b
3. b
4. b
5. c

Aufgabe 2
6. h
7. d
8. e
9. x
10. a

Aufgabe 3
11. Falsch
12. a
13. Richtig
14. c
15. Richtig
16. c

Aufgabe 4
17. Falsch
18. Richtig
19. Falsch

Lösungen 34

LÖSUNGEN

Aufgabe 5

20	a	[x] b	c
21	a	[x] b	c
22	[x] a	b	c
23	[x] a	b	c
24	a	b	[x] c
25	[x] a	b	c

SCHREIBEN

Lösungsvorschlag Thema 1

Sehr geehrte Damen und Herren,

ich habe im Tageblatt Ihre Anzeige für eine Stelle als Verkäuferin gelesen und interesiere mich sehr für die Stelle. Ich bin 34 Jahre alt und lebe seit zwei Jahren in Deutschland. Im letzten Jahr habe ich in Dortmund einen Integrationskurs besucht und spreche jetzt fast fließend Deutsch. In Polen habe ich schon vier Jahre als Verkäuferin in einem großen Kaufhaus in Lublin gearbeitet. Ich habe Zeugnisse von meinem Arbeitgeber dort, die übersetzt sind. Meinen Lebenslauf und meine Zeugnisse schicke ich Ihnen gerne zu. Über eine positive Antwort würde ich mich sehr freuen.

Mit freundlichen Grüßen
Aleksandra Kowalska

Lösungsvorschlag Thema 2

Sehr geehrter Herr Wiedemann,

ich hatte Sie am Dienstag schon angerufen, weil mein Fernseher nicht funktioniert. Ich kann kein Programm mehr empfangen. Sie haben sich leider nicht bei mir gemeldet. Deshalb schreibe ich Ihnen jetzt. Ich hoffe, dass jemand die Sache überprüft. Ich bin jeden Tag ab 18.00 Uhr zu Hause und am Samstag den ganzen Tag. Für mich ist das Fernsehen so wichtig, weil ich mit der Antenne auch Programme aus meiner Heimat sehen kann. Wenn ich keine Antwort bekomme, lasse ich den Anschluss von einer Firma prüfen und schicke die Rechnung an die Hausverwaltung.

Mit freundlichen Grüßen
Acar Cakir